Inhaltsverzeichnis

Hallo du,

ich bin mir sicher, du bist großartig! Du kannst viele Dinge gut. Auch wenn dir manches vielleicht Angst macht, weißt du um diese Dinge. Es gibt auch viel mehr, was dich glücklich macht. Hast du darüber schon einmal nachgedacht?

Manchmal tut es gut, sich mit sich selbst und seinen Gefühlen ganz bewusst auseinanderzusetzen. Das hilft dir, dich besser zu verstehen und auch, dir selbst mehr zu vertrauen.
Wenn du dir immer wieder bewusst machst, was du kannst und wer du bist, dann baust du so etwas wie seelisches Futter auf. Je mehr du über dich selbst weißt und es dir immer wieder ins Gedächtnis rufst, desto mehr seelisches Futter sammelt sich. Seelisches Futter kannst du dir wie Schokolade oder Gummibärchen, oder was du gerne isst, vorstellen.
In den Momenten, in denen es dir vielleicht nicht so gut geht, du dich mit jemandem streitest oder ein Problem hast, kannst du von dem seelischen Schokoladen-Futter naschen. Das hilft dir, besser mit der Situation umzugehen. Denn viele Dinge fallen einem leichter, wenn man sich selbst gut reflektieren kann. Wenn du dich selbst magst und weißt, was dir im Leben wichtig ist, dann lassen sich Probleme oft viel leichter lösen oder scheinen gar nicht mehr so furchteinflößend. Das nennt man auch Resilienz.

In diesem Heft findest du viele Anregungen, die dir helfen können, dich ein bisschen besser zu verstehen. Die Seiten darfst du so ausfüllen, wie du möchtest. Es gibt kein richtig oder falsch. Nimm dir so viel Zeit, wie du brauchst. Manche Seiten sind vielleicht auch erst nach ein paar Tagen oder Wochen vollständig. Du musst die Seiten auch niemandem zeigen, wenn du das nicht möchtest.

Ich wünsche dir viel Freude!

Janina Haselbach

Nach den Sternen greifen

Welche Ziele möchtest du gerne in deinem Leben erreichen? Manche erreichst du vielleicht schon nächste Woche, manche nächsten Monat und manche vielleicht erst in ein paar Jahren. Alles ist in Ordnung – selbst, wenn du manche Ziele nicht erreichst oder sie dir irgendwann nicht mehr erfüllenswert erscheinen. Nach welchen Sternen greifst du?

Das lässt mich auf Wolken hüpfen

Manchmal ist das Leben so leicht, als würde man auf Wolken hüpfen. Kennst du das Gefühl? Was sind das für Momente? Wann kannst du auf Wolken hüpfen?

Diese Monster besiege ich

Ängste wirken manchmal wie böse, fiese Monster. Diese Monster können sehr verschieden sein und dir unterschiedlich gefährlich vorkommen. So, wie es auch viele verschiedene Dinge gibt, die dir Angst machen können. Du darfst Angst haben. Das ist in Ordnung. Es gibt sogar etwas Tolles an Ängsten: Man kann sie besiegen. Manche alleine und manche mit der Hilfe von anderen. Welche Monster besiegst du? Wer hilft dir dabei?

Da könnte ich explodieren!

Manchmal bist du richtig wütend. Manchmal ärgert dich etwas so sehr, dass du am liebsten in die Luft gehen würdest. Was gibt dir das Gefühl, dass du gleich explodieren könntest?

Wenn du möchtest, schreibe wenn du wütend bist, deinen Ärger auf einen Zettel. Du kannst den Zettel dann in winzige Stücke reißen. Vielleicht verschwindet so auch etwas von deiner Wut.

Meine Schatztruhe des Glücks

Gold, Edelsteine, Geld und Diamanten – das sind wertvolle Dinge. Man sagt „Geld allein macht nicht glücklich“. Was glücklich macht, ist für jeden etwas anderes. Ein Hobby, ein Gedanke, ein Mensch, ein Erlebnis, ein besonderer Gegenstand – Glück kann so viel sein. Was liegt in deiner Schatztruhe des Glücks? Male oder schreibe es auf diese Seite, lege die wichtigsten Dinge direkt in deine Schatztruhe.

Mein Wunsch-O-Mat

Welche Wünsche sind dir besonders wichtig? Wenn du einen Wunsch-O-Mat hättest, der dir deine sehnlichsten und wichtigsten Wünsche erfüllen würde – welche Wünsche würdest du ihn erfüllen lassen? Was kannst du tun, damit sich deine Wünsche erfüllen?

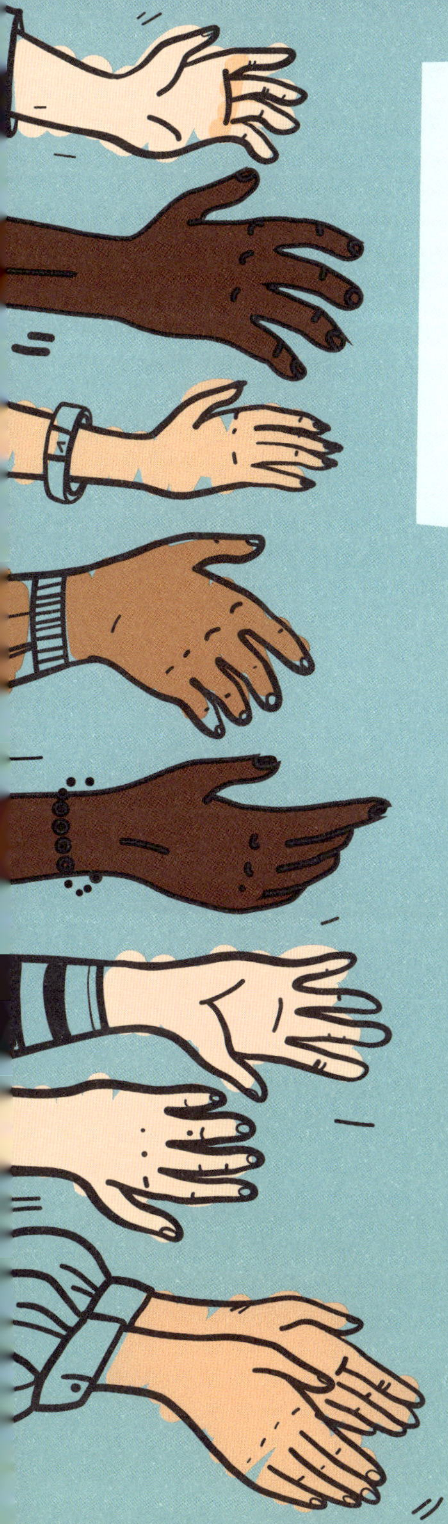

Helfende Hände

Wenn du hinfällst, ist da eine Hand, die dir aufhilft. Wenn du traurig bist, ist da ein Arm, der dich umarmt. Wenn du glücklich bist, sind da Hände, die nach dir greifen und mit dir tanzen.
Zu wem gehören diese Hände? Wem vertraust du? Wer ist immer für dich da?

Superhelden-Ich

Du bist großartig! Du bist besonders! Du kannst unglaublich viel richtig gut! Es gibt nichts, was dich von einem Superhelden unterscheidet. Was kannst du besonders gut? Worauf bist du stolz? Schreibe es um dein Superhelden-Ich herum!

Superhelden-Ich

Du bist großartig! Du bist besonders! Du kannst unglaublich viel richtig gut! Es gibt nichts, was dich von einem Superhelden unterscheidet. Was kannst du besonders gut? Worauf bist du stolz? Schreibe es um dein Superhelden-Ich herum!

Brief an mein Zukunfts-Ich

Wenn du dir selbst einen Ratschlag geben könntest, welcher wäre es? Was darfst du auf keinen Fall vergessen, wenn du etwas älter bist? Woran solltest du dich auf jeden Fall erinnern? Schreibe es doch mal auf und lies dir diese Seiten in ein paar Wochen, Monaten oder auch Jahren immer mal wieder durch. Wer weiß, vielleicht hilft dir dein eigener Ratschlag.